Es ist irgendwie aufregend, durch eine aufgeheizte Menge zu gehen, die außer Rand und Band ist. Das Wunderbarste ist zu erleben, wie sich ein Song aus einem winzigen nächtlichen Einfall zu etwas entwickelt, das 55 000 Menschen mit dir zusammen singen.

Taylor Swift

INHALT

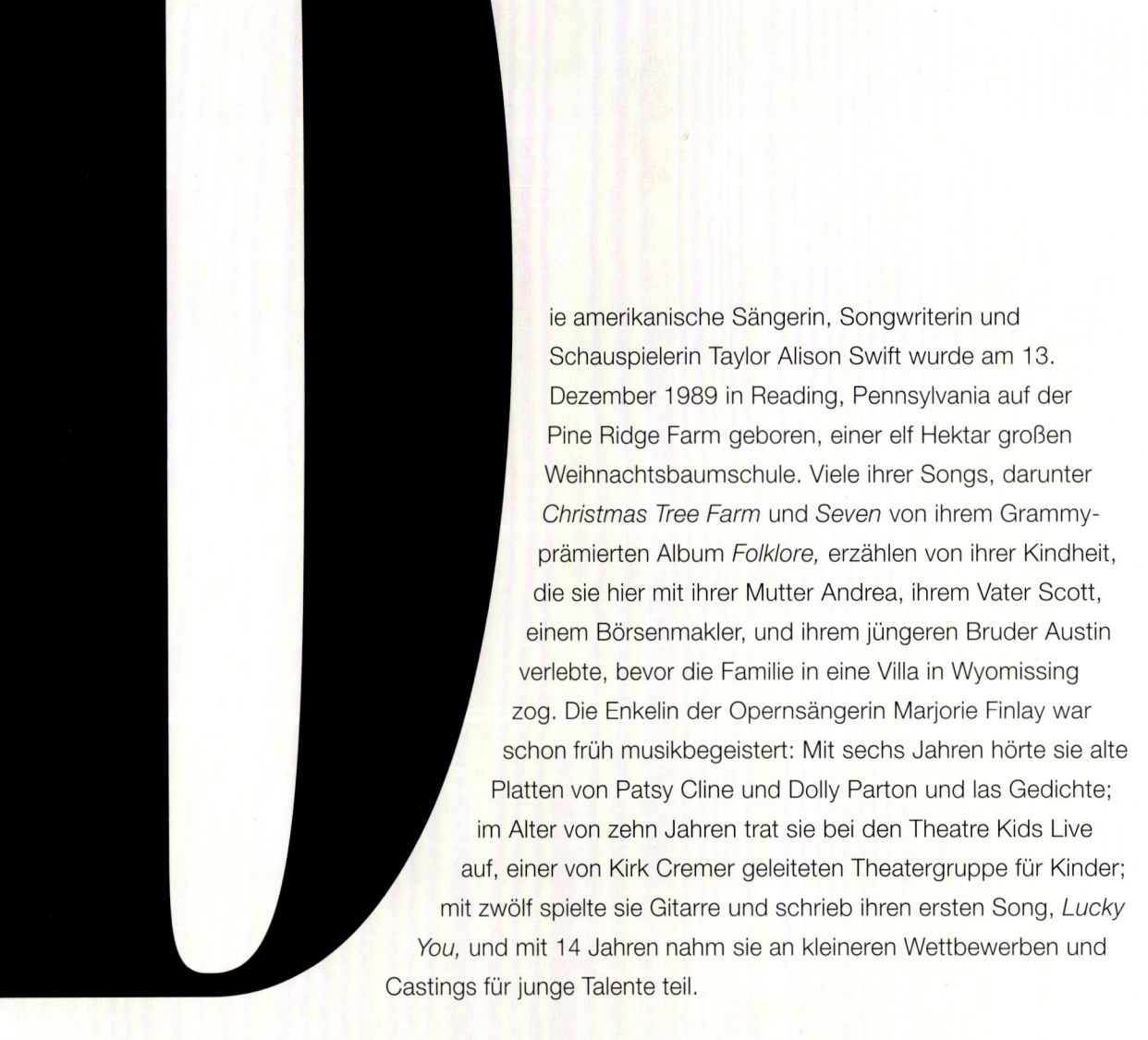

D

ie amerikanische Sängerin, Songwriterin und
Schauspielerin Taylor Alison Swift wurde am 13.
Dezember 1989 in Reading, Pennsylvania auf der
Pine Ridge Farm geboren, einer elf Hektar großen
Weihnachtsbaumschule. Viele ihrer Songs, darunter
Christmas Tree Farm und *Seven* von ihrem Grammy-
prämierten Album *Folklore,* erzählen von ihrer Kindheit,
die sie hier mit ihrer Mutter Andrea, ihrem Vater Scott,
einem Börsenmakler, und ihrem jüngeren Bruder Austin
verlebte, bevor die Familie in eine Villa in Wyomissing
zog. Die Enkelin der Opernsängerin Marjorie Finlay war
schon früh musikbegeistert: Mit sechs Jahren hörte sie alte
Platten von Patsy Cline und Dolly Parton und las Gedichte;
im Alter von zehn Jahren trat sie bei den Theatre Kids Live
auf, einer von Kirk Cremer geleiteten Theatergruppe für Kinder;
mit zwölf spielte sie Gitarre und schrieb ihren ersten Song, *Lucky
You,* und mit 14 Jahren nahm sie an kleineren Wettbewerben und
Castings für junge Talente teil.

Um ihre Leidenschaft und ihre musikalische Ausbildung und Karriere zu fördern, zog die Familie in die Hauptstadt der Countrymusik, nach Nashville, Tennessee, wo Taylor Gesangsunterricht nahm und zunächst mit der Produktionsfirma Sony/ATV Tree und dann dem Label RCA Records zusammenarbeitete. Schließlich unterschrieb sie ihren ersten Plattenvertrag bei Scott Borchettas neu gegründetem Label Big Machine Records (wo sie blieb, bis sie 2018 zu Republic Records wechselte), wo sie ihr Debüt-Single veröffentlichte. Auf diese folgte ihre gleichnamige Debüt-LP, die sich über fünfeinhalb Millionen Mal verkaufte und 273 Wochen lang in den US-Charts stand.

Im August 2006 ist Taylor 17 Jahre alt. Spätestens jetzt beginnt ihre sensationelle und unaufhaltsame Karriere. Seither folgen für die Sängerin Album auf Album, Rekord auf Rekord, Auszeichnung auf Auszeichnung. Dank ihrer sagenhaften Fähigkeit, mit ihren Liedern tiefgründige und mitreißende Geschichten über Liebe, Verlust und Wachstum zu erzählen, die oft autobiografisch, aber von universeller Gültigkeit sind, sodass sich jeder, der sie hört, in ihnen wiedererkennen kann, hat sie die Herzen von Millionen von Swifties – wie ihre Fans sich nennen – erobert.

Auch wenn die Sängerin immer bestrebt war, ihr Privatleben zu schützen, konnte man den Wechselfällen ihres Liebeslebens unschwer folgen und in ihren Texten Anspielungen auf ihre Ex-Freunde ausmachen: Da gab es Matty Healy, Frontmann der britischen Rockband 1975, den Schauspieler Joe Alwyn, den Sänger Harry Styles, den Schauspieler Jake Gyllenhaal und den Formel-1-Weltmeister Fernando Alonso.

Heute, mit 34 Jahren, macht sie Milliardenumsätze, steht auf der Forbes-Liste 2024 der Milliardäre und zählt zu den reichsten Frauen der Welt. Sie wird von Millionen Swifties verehrt. Das Institut der schönen Künste der New York University verlieh ihr die Ehrendoktorwürde für ihre bisherige künstlerische Leistung. Zur Zeit ist sie mit Travis Kelce liiert, dem American-Football-Star der Kansas City Chiefs.

Swift ist ein beispielloses künstlerisches und kulturelles Phänomen, das die Mode ebenso zu beeinflussen vermag wie die Politik. Es scheint das sich alles, was sie anfasst, in Gold verwandelt. Der Swift-Effekt – oder Swiftonomics, wie er kürzlich genannt wurde – ist so mächtig und interessant, dass er in Harvard sogar als neuer Bereich im Fach Betriebswirtschaft gelehrt wird. Denn wo Taylor hingeht, floriert die Wirtschaft. Ihre Konzerte sind nicht nur musikalische Ereignisse, sondern auch wirtschaftliche: Bis zu 1000 Dollar geben ihre Fans durchschnittlich für Reisen, Hotels, Gadgets und Kleidung aus, um dabei zu sein. Ihre Anwesenheit bei einem Spiel ihres Verlobten generierte mehr Umsatz als der Super Bowl 2024. Als sie ihre Fans aufforderte, sich für die US-amerikanischen Präsidentschaftswahlen registrieren zu lassen, folgten viele Tausende ihrem Aufruf. Nach Angaben des Gouverneurs von Illinois reichten drei Konzertabende in Chicago aus, um der Tourismusbranche der Stadt neues Leben einzuhauchen. Kein Wunder, dass amerikanische Analysten die Tatsache, dass die Sängerin mit ihren 280 Millionen Anhängern die bevorstehenden Präsidentschaftswahlen durch ein einziges Wort beeinflussen kann, eher als Gewissheit denn als bloße Hypothese bewerten.

Im Lauf ihrer Karriere – von der jungen Countrysängerin zur Queen of Pop – hat Taylor Swift ihren Stil erheblich weiterentwickelt, mit Abstechern in so unterschiedliche Musikgenres wie Electro- und Synthiepop. Von Beginn an bewies sie die Fähigkeit, sich musikalisch immer wieder neu zu erfinden und zugleich die tiefe Verbindung zu ihren Fans und die aufrichtige Wertschätzung der Musikkritik beizubehalten.

Taylors Karriere begann 2006 mit der Single *Tim McGraw*, einer Hommage an den gleichnamigen amerikanischen Countrysänger, Schauspieler und Plattenproduzenten. Dieser Song war später auch Teil ihres Debütalbums *Taylor Swift*, das sich in der ersten Woche fast 40 000 Mal verkaufte. Es kombiniert typische Countryinstrumente wie Akustikgitarre, Banjo und Fiddle mit direkten, sehr persönlichen Texten. Nur wenige Monate später wurde Taylor von der Nashville Songwriters Association zur Songwriterin und Künstlerin des Jahres gewählt und war damit die Jüngste, der diese Auszeichnung je zuteil wurde. Es sollte die erste in einer langen Reihe von Auszeichnungen sein, die Taylor im Laufe ihrer Karriere bekommen wird.

Bald darauf folgte die dritte Single *Our Song,* die sich sechs Wochen lang auf Platz eins der Country Music Charts hielt. Doch schon auf ihrem zweiten Album *Fearless,* das nur ein Jahr später erschien, veränderte sich der Musikstil der Sängerin: Sie baute Popelemente ein und sprach damit ein viel größeres Publikum an. Songs wie *Love Story* und *You Belong with Me* eroberten nicht nur die Charts, sondern auch die Herzen von Teenagern weltweit. Taylor Swifts besitzt die Fähigkeit aufzugreifen und auszudrücken, was Heranwachsende bewegt – von Liebesgeschichten bis zu reiferen Reflexionen über das Leben und über Beziehungen. Dieses Album brachte Taylor Swift den Grammy Award in der Kategorie »Album des Jahres«. Damit war sie die bisher jüngste Künstlerin, die diesen Preis gewonnen hat. Doch das ist nicht der einzige Rekord, den sie mit diesem Album aufstellte. *Fearless* hielt sich als erstes Album einer weiblichen Künstlerin in der Geschichte der Countrymusik elf Wochen lang auf Platz eins der Billboard 200, und am Jahresende war es mit rund 3,2 Millionen verkauften Exemplaren das meistverkaufte Album in den USA.

Im Januar 2010 wurde der Song *Today Was a Fairytale* auf iTunes veröffentlicht, der Soundtrack zum Film *Valentinstag,* mit dem Taylor Swift einen weiteren Rekord aufstellte: die meisten Downloads einer Künstlerin in der ersten Woche nach ihrem Erscheinen. Ebenfalls 2010 kam ihr drittes Album auf den Markt, *Speak Now*, das weitere Rekorde aufstellte: Allein in der ersten Woche wurde das Album mehr als eine Million Mal heruntergeladen. Es stellte einen weiteren Meilenstein in der persönlichen Entwicklung der Singer-Songwriterin dar, die alle Songs selbst komponiert.

Am 23. Mai 2011 dominierte Taylor Swift bei den Billboard Music Awards die Charts in den Kategorien Top Country Album, Top Country Artist und Top Billboard 200 Artist. Einige Wochen später wurde sie von der Zeitschrift *Rolling Stone* in die Liste der Queen of Pop, der 16 erfolgreichsten Sängerinnen, aufgenommen. Im November brachte sie ihr erstes Live-Album heraus, *World Tour Live: Speak Now,* und begann mit der Arbeit an ihrem vierten Album *Red,* das dank der Zusammenarbeit mit Dan Wilson, Butch Walker und Max Martin, den Produzenten von Britney Spears noch stärker in Richtung Pop ging.

Nach diesen Erfolgen erschien *We Are Never Getting Back Together,* die erste Singleauskopplung von *Red.* Das 2012 veröffentlichte Album verkaufte sich in der ersten Woche über eine Million Mal und wurde in den USA viermal mit Platin ausgezeichnet. Inzwischen arbeitete Taylor Swift mit den Civil Wars an dem Song *Safe & Sound* für den Soundtrack zum Film *Die Tribute von Panem.* Das Album *1989* von Oktober 2014, das auf ihr Geburtsjahr anspielte, markierte schließlich mit dem Einsatz von Synthesizern, Drumcomputern und Samples die vollständige Hinwendung der Künstlerin zum Pop-Genre. Im selben Jahr wurde die Single *Shake It Off* für den Grammy Award in den Kategorien Song des Jahres und Aufnahme des Jahres nominiert. Ihre anschließende Welttournee führte sie 2015 durch Asien, Nordamerika und Europa: eine triumphale Reise, die 2016 in drei Grammy Awards gipfelte – in den Kategorien Album of the Year, Best Pop Vocal Album und Best Music Video für *Bad Blood.* Im Jahr zuvor, 2015, war Taylor unter anderem mit dem Billboard Music Award in der Kategorie Top Female Artist und dem BRIT Award als International Female Solo Artist ausgezeichnet worden.

Ihr sechstes Album *Reputation* – das sich innerhalb von nur vier Tagen nach Veröffentlichung eine Million Mal verkaufte – ging weiter in Richtung Elektropop und Urban Pop, mit einem düsteren, aggressiven Sound und Songs, die Themen wie Ruhm und persönliche Kritik reflektieren. Bei den American Music Awards 2019 wurde Taylor Swift als Künstlerin des Jahrzehnts und bei derselben Veranstaltung auch als Künstlerin des Jahres geehrt. Ihre Popularität und ihr Einfluss wurden vom Billboard-Magazin bestätigt, das ihr den Titel »Woman of the Decade« verlieh. Ebenfalls 2019 veröffentlichte sie ihr siebtes Studioalbum, *Lover,* das bei den Grammy Awards in der Kategorie »Best Pop Vocal Album« nominiert wurde. Der gleichnamige Titelsong stammte allein aus Taylors Feder. Im Jahr 2020 überraschte die Sängerin ihre Fans erneut mit einem Album, *Folklore,* das während der Pandemie in Isolation entstand und 16 neue Titel sowie den Bonustrack *The Lakes* in einer Deluxe-Version enthielt. Das von Publikum und Kritikern gleichermaßen gefeierte Album verkaufte sich in der ersten Woche mehr als zwei Millionen Mal und stand als siebtes Album der Sängerin auf Platz eins der Billboard 200 Charts. Mit insgesamt 97,87 Millionen Streams wurde Taylor Swift an einem einzigen Tag zum meistgehörten Popstar des Jahres 2020.

Mit *Folklore* und *Evermore* wandelte sich Taylor Swifts Musikstil erneut, und zwar zu einem experimentelleren und kontemplativeren Sound. Die Alben dieser Zeit zeichnen sich durch minimalistische Arrangements und eine ätherische Atmosphäre aus, mit starkem Fokus auf dem Geschichtenerzählen, inspiriert von Indie-Folk, Folktronica und Softrock und unterstützt durch die Zusammenarbeit mit Künstlern wie Bon Iver und den subtileren Produktionsstil von Aaron Dessner von The National.

2021 kehrte die Sängerin mit *Fearless (Taylor's Version)* zum reinen Country zurück. Am Tag der Veröffentlichung wurde es 50 Millionen Mal gestreamt. Das Album ist eine Neuaufnahme ihres zweiten Albums von 2009, die sofort die Charts auf der ganzen Welt, von Großbritannien bis Neuseeland, anführte. Ziel der Neuaufnahme war es, sich die Rechte an ihren eigenen Songs zurückzuholen und Scooter Braun zu entziehen, der ihr früheres Label und ihren Katalog erworben hatte.

Das Ganze war eine gigantische kommerzielle Operation, die keinem Künstler zuvor je in den Sinn gekommen war, und die Taylor Swift zum Symbol des Kampfes gegen die übermächtigen Plattenfirmen gemacht hat. Jede Wiederveröffentlichung enthält Bonustracks bisher unveröffentlichte Songs aus Taylor Swifts reichhaltigem Archiv.

2022 kehrte Swift mit dem Album *Midnights* zu einem saubereren Popsound zurück, der allerdings Chillwave- und Synth-Pop-Elemente enthält sowie Reife in Sachen Storytelling und Sound bewies. Für dieses Album erhielt Taylor 2024 einen Grammy Award in der Kategorie Bestes Album des Jahres, womit sie als erste Künstlerin viermal in dieser Kategorie ausgezeichnet worden war. Das Album erzählt die Geschichten von 13 schlaflosen Nächten – eine je Track. Nur wenige Stunden nach seiner Veröffentlichung kündigte Swift auch die Veröffentlichung der Deluxe-Version mit sieben weiteren, bisher unveröffentlichten Titeln an. Laut Forbes Magazin war Swift mit geschätzten 92 Millionen Dollar Einkommen zum dritten Mal in Folge die bestbezahlte weibliche Musikerin der Welt und zum zweiten Mal die einzige Frau unter den Top Ten der bestverdienenden Musiker.

Am 17. März 2023 begann in Glendale, Kalifornien, ihre sechste Tournee, *The Eras Tour,* die bis Dezember 2024 dauerte – mit insgesamt 151 Terminen weltweit, 4,3 Millionen verkauften Tickets allein 2023 in den USA und Auftritten in 42 Ländern, darunter im Juli 2024 in Deutschland – mit mehreren Konzerten in Gelsenkirchen, Hamburg und München. Mit einem Einspielergebnis von mehr als 1,5 Milliarden Dollar hat die Tournee bisher alle Rekorde gebrochen und die US-Notenbank dazu veranlasst, Taylor Swift als Wirtschaftsmotor für das gesamte Land zu bezeichnen.

Zu Beginn ihrer Tour in Nashville, im Mai 2023, kündigte Taylor Swift die Neuaufnahme ihres dritten Albums an: *Speak Now (Taylor's Version)*. Es erschien am 7. Juli 2023 mit 22 Titeln, darunter sechs unveröffentlichten. Am 27. Oktober war dann *1989 (Taylor's Version)* an der Reihe, das in der ersten Woche zum meistverkauften Album von Swift in den USA wurde und den bisherigen Rekord von *1989* übertraf. Es war bereits acht Jahre her, dass sich mit Adeles *25* ein Album in der ersten Woche nach seiner Veröffentlichung so gut verkauft hatte. Die Neuauflage von *1989* landete praktisch weltweit auf Platz eins, und die am Tag der Veröffentlichung aufgenommene Performance machte Taylor zum meistgehörten Künstler an einem einzigen Tag in der Geschichte von Spotify. Ihr weltweiter Erfolg setzte sich ungebremst fort: In der ersten Dezemberwoche 2023 konnte sie als erste Künstlerin zu Lebzeiten fünf Alben in den US-Top Ten platzieren. Vor ihr hatte das nur Prince geschafft – in den Tagen nach seinem Tod. Am 6. Dezember 2023 erhielt sie eine weitere große Auszeichnung: Das Time-Magazin widmete ihr die Titelseite und kürte sie zur »Person des Jahres«. Den Titel, in der Regel Politikern oder Titanen der Wirtschaft vorbehalten, hatten bisher 14 US-Präsidenten, fünf russische Staatschefs und drei Päpste inne. Bei der Preisverleihung kündigte Taylor Swift in der Crypto.com-Arena in Los Angeles die Veröffentlichung ihres elftens Albums *The Tortured Poets Department: The Anthology* für den 19. April 2024 an, das sie mit Jack Antonoff und Aaron Dessner produziert und geschrieben hatte. Es ist ein Doppelalbum mit 31 Songs, das, erstmals in der Geschichte von Spotify, in einer einzigen Woche eine Milliarde Streams verzeichnen konnte.

DISKOGRAFIE

STUDIO-ALBEN

- Taylor Swift (2006)
- Fearless (2008)
- Speak Now (2010)
- Red (2012)
- 1989 (2014)
- Reputation (2017)
- Lover (2019)
- Folklore (2020)
- Evermore (2020)
- Midnights (2022)
- The Tortured Poets Department (2024)

NEU EINGESPIELTE ALBEN

Nach einem Rechtsstreit mit ihrer ersten Plattenfirma über das Eigentum an ihren Masterbändern beschloss Taylor Swift, ihre frühen Alben neu aufzunehmen.

- Fearless (Taylor's Version) (2021)
- Red (Taylor's Version) (2021)
- Speak Now (Taylor's Version) (2023)
- 1989 (Taylor's Version) (2023)

LIVE-ALBEN

- Speak Now World Tour – Live (2011)
- Live from Clear Channel Stripped 2008 (2020), nur digital vertrieben
- Lover (Live from Paris) (2020)
- Folklore: The Long Pond Studio Sessions (2020)

EPs

- Napster Live (2006), nur digital vertrieben
- The Taylor Swift Holiday Collection (2007)
- Rhapsody Originals (2007), nur digital vertrieben
- iTunes Live from SoHo (2008), nur digital vertrieben
- Beautiful Eyes (2008)

ON STAGE

DIE LIVE-AUFTRITTE VON TAYLOR SWIFT ALS KONZERTE
ZU BEZEICHNEN, WÄRE EXTREM UNTERTRIEBEN, DENN
ES SIND WAHRE SPEKTAKEL – MIT BÜHNENWECHSELN,
TANZ, SPEZIALEFFEKTEN UND FEUERWERK –,
DIE WEIT ÜBER DIE MUSIK HINAUSGEHEN UND JEDE
SHOW ZU EINEM UNVERGESSLICHEN EREIGNIS MACHEN.

Von der »Speak Now World Tour«, bei der Swift
ihre Fans überraschte, weil sie mehrere Instrumente
spielte, bis zur »1989 World Tour« mit einer Bühne,
die einem futuristischen Poptraum entsprungen
zu sein schien, war es Taylor Swift immer wichtig,
ihren Fans unvergessliche Shows zu bieten.
Die »Reputation Stadium Tour« brach mit ihrer
innovativen Technik alle Rekorde: Gigantische
Leinwände und pyrotechnische Effekte sorgten für
eine unvergesslich aufgeladene Atmosphäre.
Aus der »Eras Tour« entstand unter der Regie von
Sam Wrench sogar ein fast dreistündiger Film.

WELCOME TO THE ERAS

TAYLOR SWIFT — **FEARLESS (TAYLOR'S VERSION)** — **SPEAK NOW (TAYLOR'S VERSION)** — **RED (TAYLOR'S VERSION)** — **1989 (TAYLOR'S VERSION)** — **REPUTATIO**

ON STAGE

Für die Leinwand musste das Material stark bearbeitet werden, um das Konzert von drei Stunden und 15 Minuten auf zwei Stunden und 45 Minuten zu kürzen. Wrench filmte die Konzerte, die vom 3. bis 9. August 2023 im SoFi-Stadion in Inglewood, Los Angeles, stattfanden. Dabei bringt er den Zuschauern Taylor Swift und ihre Mitstreiter so nah, dass das Gefühl entsteht, als stünde man mit ihnen auf der Bühne. Die Setlist der Show umfasste 40 Songs aus neun Alben, verteilt auf zehn Acts mit jeweils einem eigenen Farbschema und Bühnenbild sowie 16 Kostümwechseln. Unnötig zu erwähnen, dass dies einer der erfolgreichsten Konzertfilme aller Zeiten war (der weltweit über 260 Millionen Dollar an den Kinokassen einspielte) und der meistgesehene Musikfilm auf Disney+. Der Film kam am 13. Oktober 2023 in viele Kinos, wurde aber in einigen Ländern erst ab dem 13. Dezember, Taylors Geburtstag, gezeigt. Taylor, die ihren Fans immer sehr nah und verbunden ist, schonte sich auch bei der Premiere von *The Eras Tour* nicht: Sie besuchte jeden Kinosaal der Kinokette AMC The Grove, in dem der Film Premiere hatte, um ihr Publikum persönlich zu begrüßen. Über die Künstlerin aus Pennsylvania war bereits zuvor ein Film gedreht worden: Im Jahr 2020 wurde die Geschichte des Phänomens Swift auf Netflix in der Dokumentation »Miss Americana« erzählt, eine Hommage an den Werdegang der jungen Singer-Songwriterin, die heute eine weltweit gefeierte Ikone ist.

TOUR, AUSTRALIA

Fearless Tour

ALBUM: *Fearless*

....

START: • Evansville
23. April 2009

....

FINALE: • Cavendish
10. Juli 2010

....

ETAPPEN: 4

....

SHOWS: 118

Speak Now World Tour

ALBUM: *Speak Now*

....

START: • Singapur
9. Februar 2011

....

FINALE: • Auckland
18. März 2012

....

ETAPPEN: 4

....

SHOWS: 111

The Red Tour

ALBUM: *Red*

....

START: • Omaha
13. März 2013

....

FINALE: • Singapur
12. Juni 2014

....

ETAPPEN: 4

....

SHOWS: 86

„Musik ist für mich wie ein helles Leuchten und das, was ich auf der Welt am meisten mag.

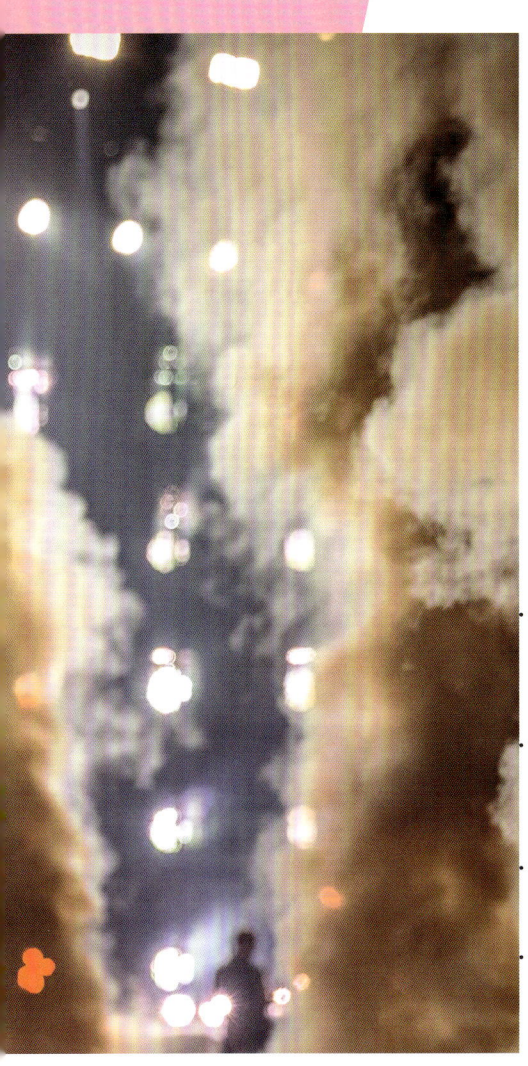

The 1989 World Tour

ALBUM:	*1989*
START:	• Tokio 5. Mai 2015
FINALE:	• Melbourne 12. Dezember 2015
ETAPPEN:	6
SHOWS:	85

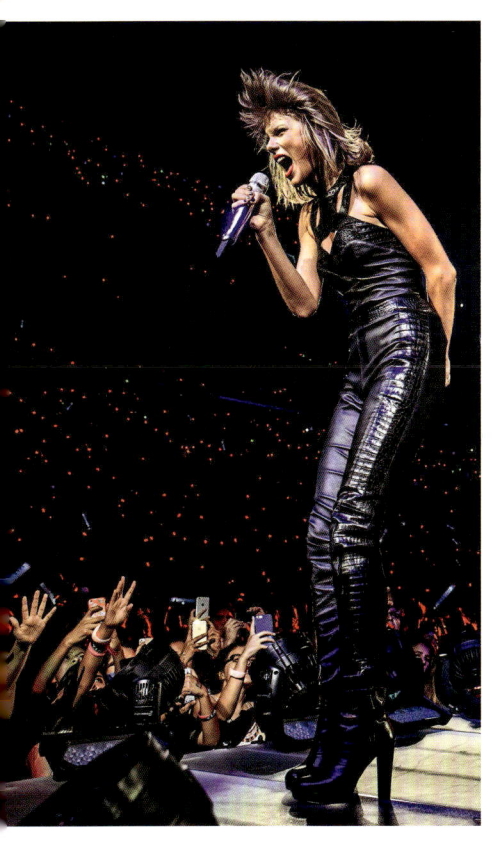

> **"** Durch meine Musik kann ich rebellisch sein. Ich spüre, dass ich mit ihr Dinge ausdrücken kann, die ich im echten Leben niemals sagen würde.

Taylor Swift's Reputation Stadium Tour

ALBUM: *Reputation*

....

START: • Glendale
8. Mai 2018

....

FINALE: • Tokio
21. November 2018

....

SHOWS: 53

....

ZUSCHAUER: 2 545 379

The Eras Tour

ALBUM: *Die gesamte Diskographie*

....

START: • Glendale
17. März 2023

....

FINALE: • Vancouver
8. Dezember 2024

....

ETAPPEN: 7

....

SHOWS: 152

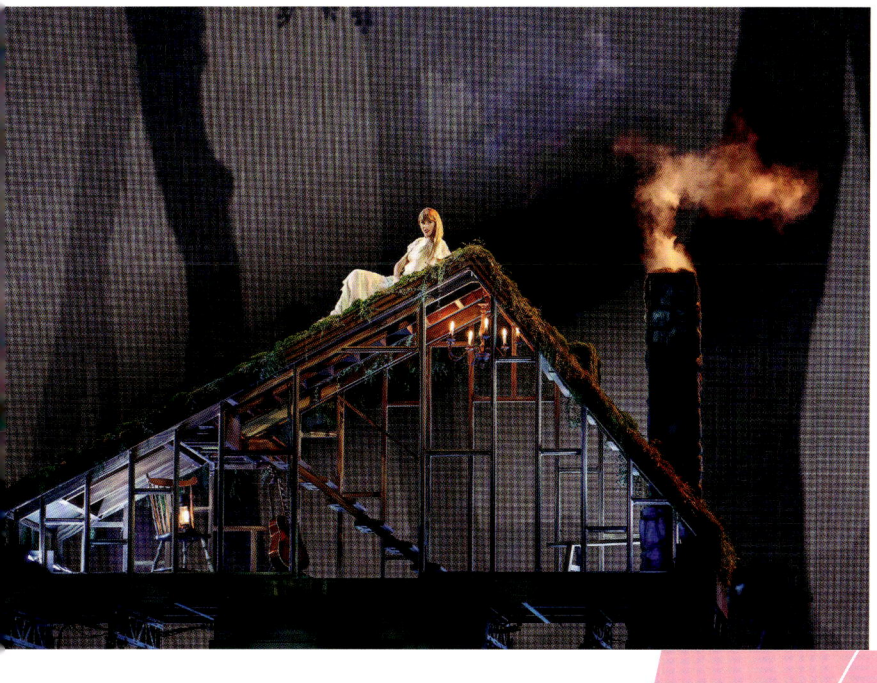

„ Meine Songs funktionieren wie eine Flaschenpost. Ich schicke sie hinaus in die Welt, und vielleicht erreichen sie die Person, die diese Gefühle ansprechen.

"Wenn ich singe, höre ich den Chor der Menschen im Publikum, die jedes meiner Worte mitsingen: Das war mein größter Traum. Jetzt ist er wahr geworden!

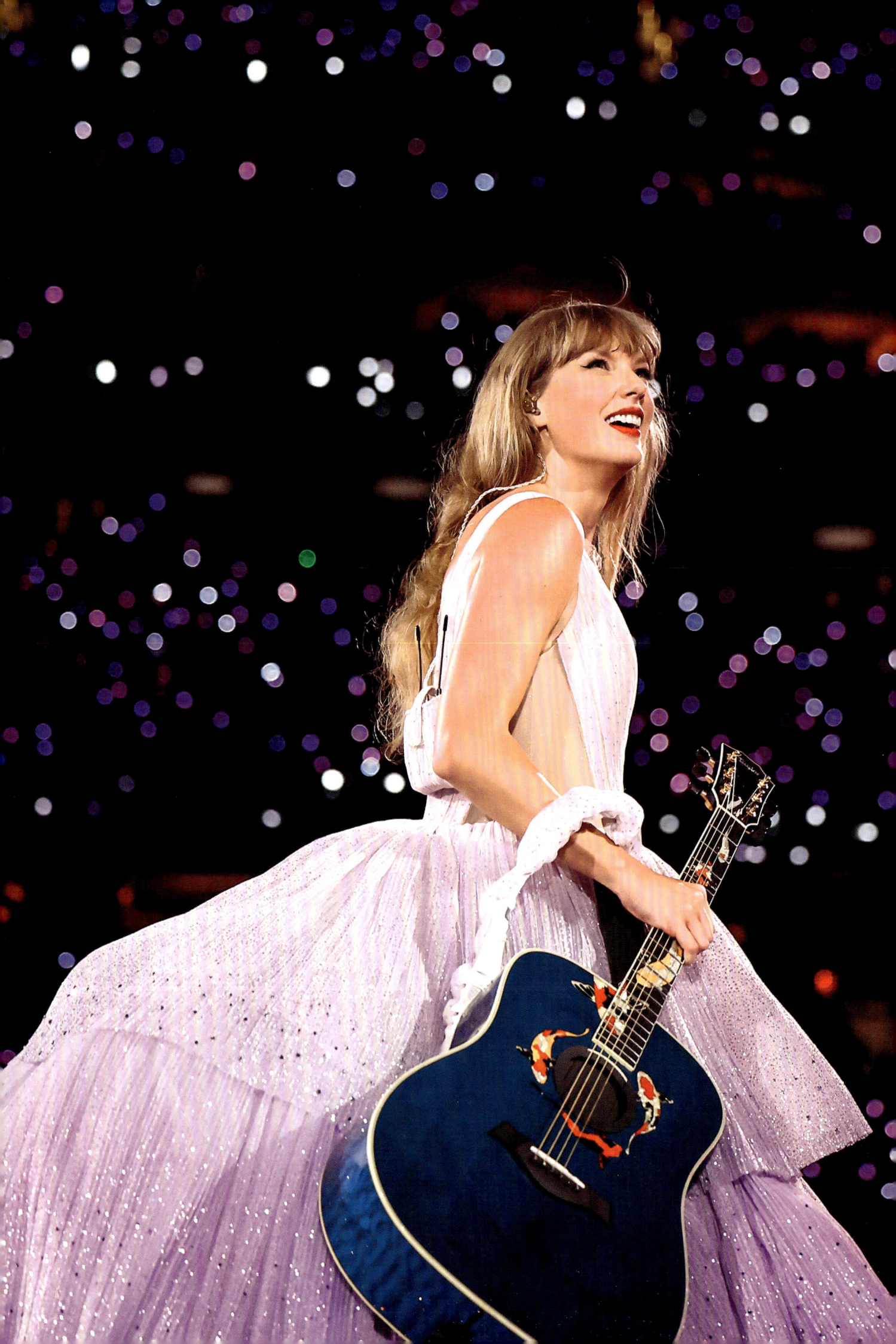

> **66** Ich habe das *Songwriting* nie als »Waffe« betrachtet. Für mich war es immer ein Mittel, um Liebe, Verlust, Kummer und Einsamkeit zu verarbeiten – und zu wachsen.

66 Inspiration kann man von überall her bekommen ... und eine völlig neue Welt darum herum erschaffen.

RED CARPET

TAYLOR SWIFT IST NICHT NUR ALS MUSIKERIN EIN STAR, SONDERN AUCH EINE MODE- UND STILIKONE, DIE EINFLUSSREICH GENUG IST, UM DIE MODETRENDS EINER JEDEN SAISON VORZUGEBEN.

Bereits 2011 wurde Taylor Swift von der *Vogue* als amerikanische Modeikone bezeichnet, 2014 wählte das *People*-Magazin sie zur bestgekleideten Prominenten und Elle Style Awards kürte sie zur Frau des Jahres. Wer ihren Werdegang von Anfang an verfolgt hat, erinnert sich an ein junges Mädchen mit Cowboystiefeln, geblümten Kleidern und Naturlocken. Als sich Taylors Songs Richtung Pop entwickelten, wurde ihr Stil parallel zu ihrer Musik glamouröser und anspruchsvoller, ihr Image deutlich raffinierter und vielseitiger. Obwohl ihr Look ihre verschiedenen Entwicklungsphasen widerspiegelt, hat er einen hohen Wiedererkennungswert und spricht, genau wie ihre Songtexte, Millionen an.

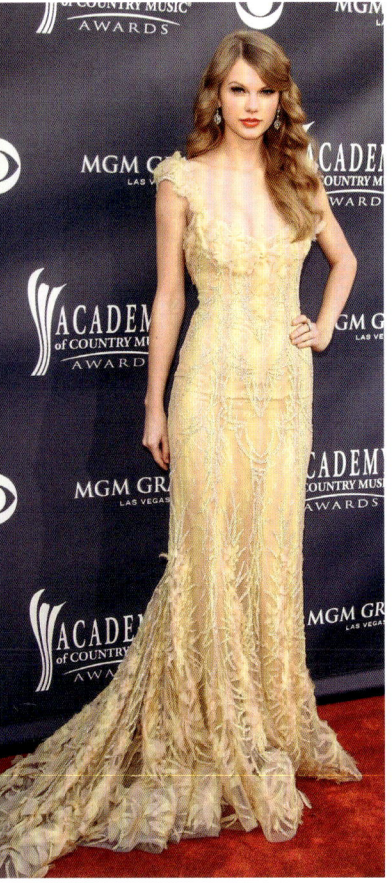

RED CARPET

Taylor Swifts Bühnenstil ist schwer zu definieren und einzuordnen. Sie verändert ihn mit jedem neuen Album. Nicht selten spielt sie mit bestimmten Details oder Accessoires sogar auf die Titel neuer Songs an – so geschehen beim neuen Album *The Tortured Poets Department*. Bereits einige Monate vor der Veröffentlichung entgingen wachsamen Fans und Journalisten die explizite Hinweise auf Titel nicht, die dann auf dem neuen Album zu finden waren: von der Haarspange Modell »Aimee« der Marke Anthropologie bis zur Tasche mit dem Namen »Cassandre« von Yves San Laurent. Die amerikanische Presse nannte diese öffentlichen Anspielungen auf ihre neuen Songs »Easter Eggs«, Ostereier. Eine Technik, die Taylor Swift bereits angewendet hatte, um durch das Tragen von Unikat-Schmuck demonstrativ auf ihr Privatleben anzuspielen:

Man erinnere sich nur an den auffälligen, mit vielen Diamanten besetzten Pavé-Anhänger in Form einer 87 – eine Hommage an das Football-Trikot ihres Freundes Travis –, den die Popkünstlerin 2024 beim Super Bowl im Allegiant Stadium in Paradise bei Las Vegas um den Hals trug. Diese vielgestaltigen Selbstbekenntnisse werden am explizitesten, wenn sie über die glamourösen roten Teppiche ihres Heimatlandes schreitet. Zu diesen Anlässen fasziniert Taylor Swift durch die geschickte Wahl ihrer Roben von klassisch bis avantgardistisch, geschaffen von Designern, die für Romantik und Raffinesse stehen, wie Zuhair Murad, Reem Acra oder Elie Saab, bis hin zu den modernen und nachhaltigen Kreationen von Stella McCartney, nicht zu vergessen auch die zeitlos kühnen Entwürfe von Versace. Ob sie sich für eine Robe entscheidet, die ihre langen Beine elegant umspielt, oder für ein kurzes Kleid, das sie in einer Mischung aus Keckheit und Lässigkeit trägt – stets zielt ihre Wahl darauf ab, zu verblüffen und zu verzaubern. Ihr Stil im Rampenlicht vereint Romantik und Moderne: Kleider mit klaren, minimalistischen Linien kann sie ebenso gut tragen wie solche mit komplexen Designs und luxuriösen Details, die oft mit zarter Spitze und Rüschen eine weibliche Note hinzufügen und an das Amerika des Country und des Soul erinnert, in dem ihr großes Abenteuer begann.

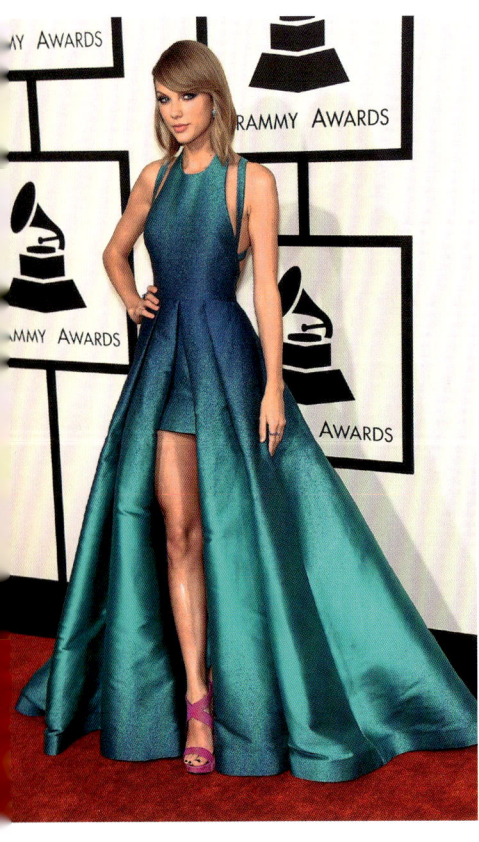

RED CARPET

" Ich erinnere mich noch genau, dass ich mir die Haare glätten ließ, weil ich so sein wollte wie all die anderen Mädchen, und jetzt versuchen viele, mich nachzuahmen. Das ist wirklich lustig!

> **"** In der Schule haben die Jungs mich nie umschwärmt. Es gab immer ein Mädchen, das alle mochten und mit dem alle ausgehen wollten, aber ich war es nicht.

STREET STYLE

Was jedoch bedeutet es im Alltag, Taylor Swift zu sein?

In einem Interview vor einigen Jahren gab Taylor Swift zu, dass ihr Leben als Popstar ziemlich seltsam sei und sich sehr von dem »normaler Menschen« unterscheiden würde: Sie stehe ständig im Rampenlicht, sei dem Druck der Medien ausgesetzt, werde permanent von Fans verfolgt und anhand ihrer Aussagen und öffentlichen Auftritte bewertet. Doch all das scheint sie nicht über die Maßen zu stören oder zu belasten, denn sie gibt offen zu, dass sie mit ihrem Erfolgsleben gut zurechtkommt und wenngleich nicht ohne Schwierigkeiten gelernt hat zu genießen, was sie sich so mühsam erarbeitet hat.

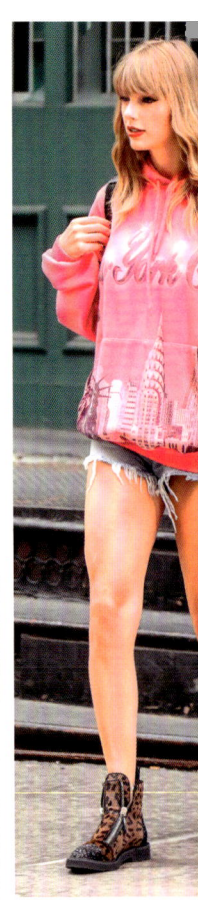

Während ihr Stil auf der Bühne von schillernder Opulenz geprägt ist – mit Glitzerstiefeln, Fransen und paillettenbesetzten Jumpsuits, Flitter, Strass und langen, flatternden Kleidern, die an ihr Folk-Debüt erinnern – und sie uns auf dem roten Teppich in atemberaubenden Roben die Ehre gibt, trägt sie privat neuerdings immer häufiger elegante Kostüme. Im Alltag sieht man sie in lässigen Preppy-Outfits im Stil des »Mädchens von nebenan«, in Faltenröcken und College-Cardigan, Kleidchen mit Stiefeletten, in New Balance und extragroßen Sweatshirts, die sehr Vintage und 90er-Jahre sind, dazu große Sonnenbrillen und roter Lippenstift. Der Stil ist kühner und moderner, entsprechend ihrer Hinwendung zur Synth-Pop-Musik.

STREET STYLE

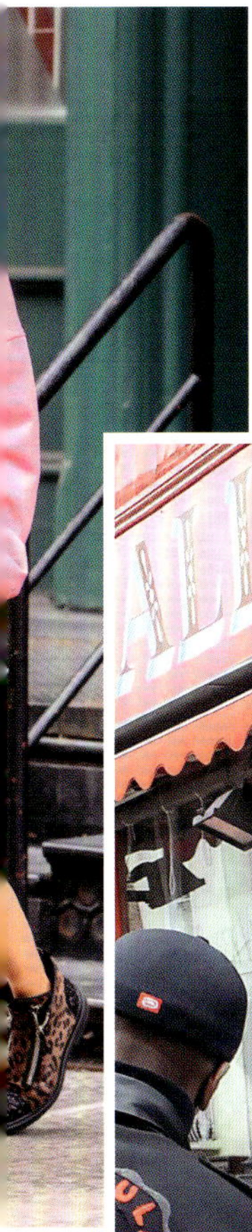

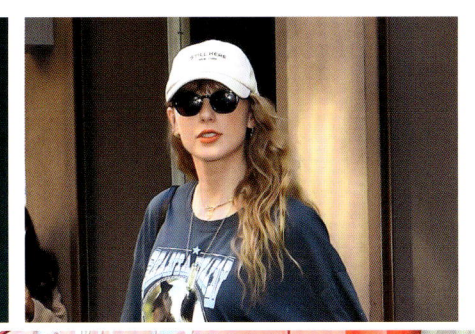

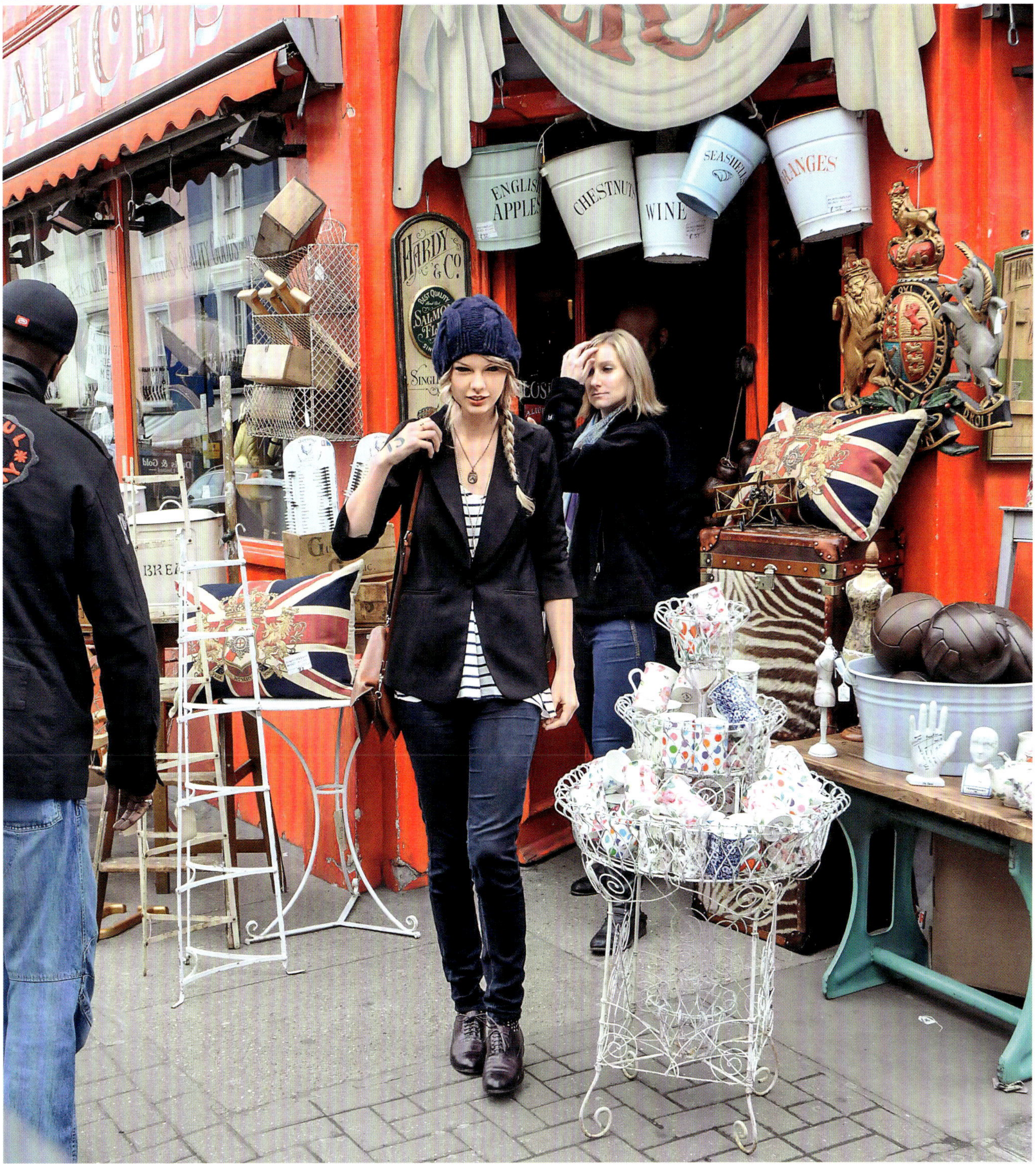
ENGLISH APPLES
CHESTNUTS
WINE
SEASHELLS
ORANGES
HARDY & Co.

Lässig wechselt sie von Bad-Girl-Outfits wie schwarzen Lederjumpsuits zu verspielten, zurückhaltenderen Bohème-Looks mit weit geschnittenen Strickjacken und langen Röcken oder zu Petticoats im Countrystyle aus leichten Stoffen. Der Street Style der Stilikone, die das amerikanische Bruttoinlandsprodukt und die Herzen Millionen junger Mädchen höherschlagen lässt, ist nicht wirklich ein eigener Stil, und dennoch gelingt es ihr, auch abseits der Bühne Trends zu setzen. Was sie trägt, wird im Nu zum Renner und ist ausverkauft. »Du bist in dem Augenblick schön, in dem du entscheidest, du selbst zu sein« oder »Ich wollte mein Glück finden, ohne dass jemand anderes dazu beiträgt«, solche Lebensweisheiten schickt sie mantraartig aus ihrem zweistöckigen Penthouse in Manhattan hinaus in die Welt. Sie besitzt viele Immobilien – im Gesamtwert von über 80 Millionen Dollar – in Nashville, Rhode Island und Beverly Hills. Hier verbringt sie gerne ihre Zeit, wenn sie nicht auf Tournee ist.

> **Ich liebe Klamotten und denke, dass ich eines Tages selbst welche designen werde. Ich warte nur auf den passenden Moment, um dann alles richtig zu machen.**

> „Von Anfang an hatte ich mir fest vorgenommen, mir als Mensch und als Songwriterin unbedingt treu zu bleiben, sollte ich das Glück haben, mit meiner Musik erfolgreich zu sein.

DIE AUTORIN

Francesca Pavesi, geboren und aufgewachsen in Mailand, Studium der Literaturwissenschaft, Journalistin seit 2003, seit über 20 Jahren in der Kommunikationsbranche tätig. Heute arbeitet sie freiberuflich, um Privatleben und Arbeit besser miteinander vereinbaren zu können. Ihr Computer und ihr Aufnahmegerät sind rund um die Uhr eingeschaltet. Sie schreibt und führt Interviews für verschiedene italienische Zeitungen und Zeitschriften. Francesca würde gerne tausend Dinge tun, doch der Tag hat nur 24 Stunden. So vertraut sie darauf, früher oder später alles irgendwie zu erledigen.

BILDNACHWEISE

Redaktion
Consulting D&D

Grafische Gestalting
Paola Piacco

WS whitestar™ ist ein Markenzeichen von White Star s.r.l.

© 2024 White Star s.r.l.
Piazzale Luigi Cadorna, 6 - 20123 Mailand, Italien
www.whitestar.it

Übersetzung: Anke Wellner-Kempf
Redaktion: Janette Schröder (www.wortundart.de)

ISBN 978-88-6312-699-0
1 2 3 4 5 6 28 27 26 25 24

Gedruckt in Italien